HUMANAE VITAE

CARTA ENCÍCLICA
DE SUA SANTIDADE O PAPA PAULO VI
SOBRE A REGULAÇÃO DA NATALIDADE

HUMANAE VITAE

**CARTA ENCÍCLICA
DE SUA SANTIDADE O PAPA PAULO VI
SOBRE A REGULAÇÃO DA NATALIDADE**

Paulinas

12ª edição – 2010
11ª reimpressão – 2024

Nenhuma parte desta obra poderá ser reproduzida ou transmitida por qualquer forma e/ou quaisquer meios (eletrônico ou mecânico, incluindo fotocópia e gravação) ou arquivada em qualquer sistema ou banco de dados sem permissão escrita da Editora. Direitos reservados.

Cadastre-se e receba nossas informações
paulinas.com.br
Telemarketing e SAC: 0800-7010081

Paulinas
Rua Dona Inácia Uchoa, 62
04110-020 – São Paulo – SP (Brasil)
📞 (11) 2125-3500
✉ editora@paulinas.com.br

© Pia Sociedade Filhas de São Paulo – São Paulo, 1968

Aos veneráveis Irmãos Patriarcas, Arcebispos, Bispos e outros Ordinários do Lugar em paz e comunhão com a Sé Apostólica, ao Clero e aos Fiéis de todo o mundo católico e também a todos os homens de boa vontade.

VENERÁVEIS IRMÃOS E DILETOS FILHOS

A transmissão da vida

1. O gravíssimo dever de transmitir a vida humana, pelo qual os esposos são os colaboradores livres e responsáveis de Deus Criador, foi sempre para eles fonte de grandes alegrias, se bem que, algumas vezes, acompanhadas de não poucas dificuldades e angústias.

Em todos os tempos o cumprimento deste dever pôs à consciência dos cônjuges sérios problemas; mas, mais recentemente, com o desenvolver-se da sociedade, produziram-se modificações tais, que fazem aparecer questões novas que a Igreja não podia ignorar, tratando-se de uma matéria que tão de perto diz respeito à vida e à felicidade dos homens.

I. ASPECTOS NOVOS DO PROBLEMA E COMPETÊNCIA DO MAGISTÉRIO

Visão nova do problema

2. As mudanças que se verificaram foram efetivamente notáveis e de vários gêneros.

Trata-se, antes de mais, do rápido desenvolvimento demográfico. Muitos são os que manifestam o receio de que a população mundial cresça mais rapidamente do que os recursos à sua disposição, com crescente angústia de tantas famílias e de povos em vias de desenvolvimento. De tal modo que é grande a tentação das Autoridades de contrapor a este perigo medidas radicais.

Depois, as condições de trabalho e de habitação, do mesmo modo que as novas exigências, tanto no campo econômico como no da educação, não raro tornam hoje difícil manter convenientemente um número elevado de filhos.

Assiste-se também a uma mudança, tanto na maneira de considerar a pessoa da mulher e o seu lugar na sociedade, quanto no considerar o valor a atribuir ao amor conjugal no matrimônio, como ainda no apreço a dar ao significado dos atos conjugais, em relação com este amor.

Finalmente, e sobretudo, o homem fez progressos admiráveis no domínio e na organização racional das forças da natureza, de tal maneira que tende a tornar extensivo esse domínio ao seu próprio ser global: ao corpo, à vida psíquica, à vida social e até mesmo às leis que regulam a transmissão da vida.

3. O novo estado de coisas faz surgir novos quesitos. Assim, dadas as condições da vida hodierna e dado o significado que têm as relações conjugais para a harmonia entre os esposos e para a sua fidelidade mútua, não estaria indicada uma revisão das normas éticas vigentes até agora, sobretudo se se tem em consideração que elas não podem ser observadas sem sacrifícios, por vezes heróicos?

Mais ainda: estendendo o chamado "princípio de totalidade" a este campo, não se poderia admitir que a intenção de uma fecundidade menos exuberante, mas mais racionalizada, transforma a intervenção materialmente esterilizante num sensato e legítimo controle dos nascimentos? Por outras palavras, não se poderia admitir que a fecundidade procriadora pertence ao conjunto da vida conjugal, mais do que a cada um dos seus atos?

Pergunta-se também, se, dado o sentido de responsabilidade mais desenvolvido do homem moderno, não chegou para ele o momento de confiar à sua razão e à sua vontade, mais do que aos ritmos biológicos do seu organismo, a tarefa de regular a natalidade.

A competência do Magistério

4. Tais problemas exigia do Magistério da Igreja uma reflexão nova e aprofundada sobre os princípios da doutrina moral do matrimônio: doutrina fundada sobre a lei natural, iluminada e enriquecida pela Revelação divina.

Nenhum fiel quererá negar que compete ao Magistério da Igreja interpretar também a lei moral natural. É incontestável, na verdade, como declararam muitas vezes os Nossos Predecessores,[1] que Jesus Cristo, ao comunicar a Pedro e aos Apóstolos a sua autoridade divina e ao enviá-los a ensinar a todos os povos os seus mandamentos,[2] os constituía guardas e intérpretes autênticos de toda a lei moral, ou seja, não só da lei evangélica, como também da natural, dado que ela é igualmente expressão da vontade divina e dado que a sua observância é do mesmo modo necessária para a salvação.[3]

Em conformidade com esta sua missão, a Igreja apresentou sempre — e mais amplamente em tempos recentes — um ensino coerente, tanto acerca da natureza do matrimônio, como acerca do reto uso dos direitos conjugais e acerca dos deveres dos cônjuges.[4]

---

(1) Cfr. *Pio IX*, Enc. Qui Pluribus, 9 de novembro de 1846, em Pii IX P. M. Acta, I, págs. 9-10; *Pio X*, Enc. Singularis Quadam, 24 de setembro de 1912, em AAS 4 (1912), pág. 658; *Pio XI*, Enc. Casti Connubii, 31 de dezembro de 1930, em AAS 22 (1930), págs. 579-581; *Pio XII*, Alocução Magnificate Dominum ao Episcopado do Mundo Católico, 2 de novembro de 1954, em AAS 46 (1954), págs. 671-672; *João XXIII*, Enc. Mater et Magistra, 15 de maio de 1961, em AAS 53 (1961), pág. 457.

(2) Cfr. Mt 28,18-19.

(3) Cfr. Mt 7,21.

(4) Cfr. Cathechismus Romanus Concilii Tridentini, p. II, c. VIII; *Leão XIII*, Enc. Arcanum, 10 de fevereiro de 1880, em Acta Leonis XIII, II (1881), págs. 26-29; *Pio XI*, Enc. Divini Illius Magistri, 31 de dezembro de 1929, em AAS 22 (1930), págs. 58-61; Enc. Casti Connubii, 31 de dezembro de 1930, em AAS 22 (1930), págs. 545-546; *Pio XII*, Alocução à União Italiana Médico-Biológica São Lucas, 12 de novembro de 1944, em Discorsi e Radiomessaggi, VI, págs. 191-192; Alocução ao Congresso da União Católica Italiana das Parteiras, 29 de outubro de 1951, em AAS 43 (1951), págs. 835-854; Alocução ao Congresso do Sodalício Fronte da Família e da Associação das Famílias Numerosas, 28 de novembro de 1951, em AAS 43 (1951), págs. 857-859; Alocução ao 7º Congresso da Sociedade Internacional de Hematologia, 12 de setembro de 1958, em AAS

Estudos especiais

5. A consciência desta mesma missão levou-nos a confirmar e a ampliar a Comissão de Estudo, que o Nosso Predecessor de venerável memória João XXIII tinha constituído, em março de 1963. Esta Comissão, que incluía também alguns casais de esposos, além de muitos estudiosos das várias matérias pertinentes, tinha por finalidade: primeiro, recolher opiniões sobre os novos problemas respeitantes à vida conjugal e, em particular, à regulação da natalidade; e depois, fornecer os elementos oportunos de informação, para que o Magistério pudesse dar uma resposta adequada à expectativa não só dos fiéis, mas mesmo da opinião pública mundial.[5]

Os trabalhos destes peritos, assim como os pareceres e os conselhos que se lhe vieram juntar, enviados espontaneamente ou adrede solicitados, de bom número dos nossos irmãos no episcopado, permitiram-nos ponderar melhor todos os aspectos deste assunto complexo. Por isso, do fundo do coração, exprimimos a todos o nosso vivo reconhecimento.

---

50 (1958), págs. 734-735; *João XXIII*, Enc. Mater et Magistra, 15 de maio de 1961, em AAS 53 (1961), págs. 446-447; Codex Iuris Canonici, can. 1067; 1068; § 2; 1076, § § 1-2; Conc. Ecum. Vaticano II, Const. Past. Gaudium et Spes, nn. 47-52.

(5) Cfr. *Paulo VI*, Alocução ao Sacro Colégio, 23 de junho de 1964, em AAS 56 (1964), págs. 588; Alocução à Comissão para o Estudo dos Problemas da População, da Família e da Natalidade, 27 de março de 1965, em AAS 57 (1965), pág. 388; Alocução ao Congresso Nacional da Sociedade Italiana de Obstetrícia e Ginecologia, 29 de outubro de 1966, em AAS 59 (1966), pág. 1168.

A resposta do Magistério

6. As conclusões a que tinha chegado a Comissão não podiam, contudo, ser consideradas por nós como definitivas, nem dispensar-nos de um exame pessoal do grave problema; até mesmo porque, no seio da própria Comissão, não se tinha chegado a um pleno acordo de juízos, acerca das normas morais que se deviam propor e, sobretudo, porque tinham aflorado alguns critérios de soluções que se afastavam da doutrina moral sobre o matrimônio, proposta com firmeza constante, pelo Magistério da Igreja.

Por isso mesmo, depois de termos examinado atentamente a documentação que nos foi preparada, depois de aturada reflexão e de insistentes orações, é nossa intenção agora, em virtude do mandato que nos foi confiado por Cristo, dar a nossa resposta a estes graves problemas.

II. PRINCÍPIOS DOUTRINAIS

Uma visão global do homem

7. O problema da natalidade, como de resto qualquer outro problema que diga respeito à vida humana, deve ser considerado numa perspectiva que transcenda as vistas parciais — sejam elas de ordem biológica, psicológica, demográfica ou sociológica — à luz da visão integral do homem e da sua vocação, não só natural e terrena, mas também sobrenatural e eterna. E, por isso mesmo que, na tentativa de justificar os métodos artificiais de limitação dos nascimentos, houve muito quem fizesse apelo para as exigências, tanto do amor conjugal como de uma "paternidade responsável", convém precisar bem a verdadeira concepção destas duas grandes realidades da vida matrimonial, atendo-nos principalmente a tudo aquilo que, a este propósito, foi recentemente exposto, de forma altamente autorizada, pelo Concílio Ecumênico Vaticano II, na Constituição Pastoral "Gaudium et Spes".

O amor conjugal

8. O amor conjugal exprime a sua verdadeira natureza e nobreza, quando se considera na sua fonte suprema, Deus que é Amor[6], "o Pai, do qual toda a paternidade nos céus e na terra toma o nome".[7]

(6) Cfr. 1Jo 4,8.
(7) Cfr. Ef 3,15.

O matrimônio não é, portanto, fruto do acaso, ou produto de forças naturais inconscientes: é uma instituição sapiente do Criador, para realizar na humanidade o seu desígnio de amor. Mediante a doação pessoal recíproca, que lhes é própria e exclusiva, os esposos tendem para a comunhão dos seus seres, em vista de um aperfeiçoamento mútuo pessoal, para colaborarem com Deus na geração e educação de novas vidas.

Depois, para os batizados, o matrimônio reveste a dignidade de sinal sacramental da graça, enquanto representa a união de Cristo com a Igreja.

AS SUAS CARACTERÍSTICAS

9. Nesta luz aparecem-nos claramente as notas características do amor conjugal, acerca das quais é da máxima importância ter uma idéia exata.

É, antes de mais, um amor plenamente *humano*, quer dizer, ao mesmo tempo espiritual e sensível. Não é, portanto, um simples ímpeto do instinto ou do sentimento; mas é também, e principalmente, ato da vontade livre, destinado a manter-se e a crescer, mediante as alegrias e as dores da vida cotidiana, de tal modo que os esposos se tornem um só coração e uma só alma e alcancem a sua perfeição humana.

É depois, um amor *total*, quer dizer, uma forma muito especial de amizade pessoal, em que os esposos generosamente compartilham todas as coisas, sem reservas indevidas e sem cálculos egoístas. Quem ama verdadeiramente o próprio consorte, não o ama somente por aquilo que dele recebe, mas por ele mesmo, por poder enriquecê-lo com o dom de si próprio.

É, ainda, amor *fiel e exclusivo,* até à morte. Assim o concebem, efetivamente, o esposo e a esposa no dia em que assumem, livremente e com plena consciência, o compromisso do vínculo matrimonial. Fidelidade que por vezes pode ser difícil; mas que é sempre nobre e meritória, ninguém o pode negar. O exemplo de tantos esposos, através dos séculos, demonstra não só que ela é consentânea com a natureza do matrimônio, mas que é, além disso, fonte de felicidade profunda e duradoura.

É, finalmente, amor *fecundo* que não se esgota na comunhão entre os cônjuges, mas que está destinado a continuar-se, suscitando novas vidas. "O matrimônio e o amor conjugal estão por si mesmos ordenados para a procriação e educação dos filhos. Sem dúvida, os filhos são o dom mais excelente do matrimônio e contribuem grandemente para o bem dos pais"[8].

10. Sendo assim, o amor conjugal requer nos esposos uma consciência da sua missão de "paternidade responsável", sobre a qual hoje tanto se insiste, e justificadamente, e que deve também ela ser compreendida com exatidão. De fato, ela deve ser considerada sob diversos aspectos legítimos e ligados entre si.

Em relação com os processos biológicos, paternidade responsável significa conhecimento e respeito pelas suas funções: a inteligência descobre, no poder de dar a vida, leis biológicas que fazem parte da pessoa humana[9].

---

(8) Cfr. Conc. Ecum. Vaticano II, Const. Past. Gaudium et Spes, n. 50.

(9) Cfr. Santo Tomás de Aquino, S. Theol., I-II, q. 94, a. 2.

Em relação às tendências do instinto e das paixões, a paternidade responsável significa o necessário domínio que a razão e a vontade devem exercer sobre elas.

Em relação às condições físicas, econômicas, psicológicas e sociais, a paternidade responsável exerce-se tanto com a deliberação ponderada e generosa de fazer crescer uma família numerosa, como com a decisão, tomada por motivos graves e com respeito pela lei moral, de evitar temporariamente, ou mesmo por tempo indeterminado, um novo nascimento.

Paternidade responsável comporta ainda, e principalmente, uma relação mais profunda com a ordem moral objetiva, estabelecida por Deus, de que a consciência reta é intérprete fiel. O exercício responsável da paternidade implica, portanto, que os cônjuges reconheçam plenamente os próprios deveres, para com Deus, para consigo próprios, para com a família e para com a sociedade, numa justa hierarquia de valores.

Na missão de transmitir a vida, eles não são, portanto, livres para procederem a seu próprio bel-prazer, como se pudessem determinar, de maneira absolutamente autônoma, as vias honestas a seguir, mas devem, sim, conformar o seu agir com a intenção criadora de Deus, expressa na própria natureza do matrimônio e dos seus atos e manifestada pelo ensino constante da Igreja[10].

(10) Cfr. Const. Past. Gaudium et Spes, nn. 50 e 51.

Respeitar a natureza e a finalidade do ato matrimonial

11. Estes atos, com os quais os esposos se unem em casta intimidade e através dos quais se transmite a vida, são, como recordou o recente Concílio, "honestos e dignos"[11]; e não deixam de ser legítimos se, por causas independentes da vontade dos cônjuges, se prevê que vão ser infecundos, pois que permanecem destinados a exprimir e a consolidar a sua união.

De fato, como o atesta a experiência, não se segue sempre uma nova vida a cada um dos atos conjugais. Deus dispôs com sabedoria leis e ritmos naturais de fecundidade, que já por si mesmos distanciam o suceder-se dos nascimentos. Mas, chamando a atenção dos homens para a observância das normas da lei natural, interpretada pela sua doutrinação constante, a Igreja ensina que qualquer ato matrimonial (quilibet matrimonii usus) deve permanecer aberto à transmissão da vida[12].

Inseparáveis os dois aspectos: união e procriação

12. Esta doutrina, muitas vezes exposta pelo Magistério, está fundada sobre a conexão inseparável que Deus quis e que o homem não pode alterar por sua iniciativa, entre os dois significados do ato conjugal: o significado unitivo e o significado procriador.

Na verdade, pela sua estrutura íntima, o ato conjugal, ao mesmo tempo que une profundamente os esposos,

---

(11) Ibid., n. 49.
(12) Cfr. *Pio XI*, Enc. Casti Connubii, 31 de dezembro de 1930, em AAS 22 (1930), pág. 560; *Pio XII*, em AAS 43 (1951), pág. 853.

torna-os aptos para a geração de novas vidas, segundo leis inscritas no próprio ser do homem e da mulher. Salvaguardando estes dois aspectos essenciais, unitivo e procriador, o ato conjugal conserva integralmente o sentido de amor mútuo e verdadeiro e a sua ordenação para a altíssima vocação do homem para a paternidade. Nós pensamos que os homens do nosso tempo estão particularmente em condições de apreender o caráter profundamente razoável e humano deste princípio fundamental.

Fidelidade aos desígnios divinos

13. Em boa verdade, justamente se faz notar que um ato conjugal imposto ao próprio cônjuge, sem consideração pelas suas condições e pelos seus desejos legítimos, não é um verdadeiro ato de amor e nega, por isso mesmo, uma exigência da reta ordem moral, nas relações entre os esposos. Assim, quem refletir bem, deverá reconhecer de igual modo que um ato de amor recíproco, que prejudique a disponibilidade para transmitir a vida que Deus Criador nele inseriu, está em contradição com o desígnio constitutivo do casamento e com a vontade do Autor da vida. Usar deste dom divino, destruindo o seu significado e a sua finalidade, ainda que só parcialmente, é estar em contradição com a natureza do homem, bem como com a da mulher e da sua relação mais íntima; e, por conseguinte, é estar em contradição com o plano de Deus e com a sua vontade. Pelo contrário, usufruir do dom do amor conjugal, respeitando as leis do processo generativo, significa reconhecer-se não árbitros das fontes da vida humana, mas tão somente administradores dos desígnios estabelecidos pelo Criador. De fato, assim como o homem não tem um domínio ilimitado sobre o próprio corpo em geral, também

o não tem, com particular razão, sobre as suas faculdades geradoras enquanto tais, por motivo da sua ordenação intrínseca para suscitar a vida, da qual Deus é princípio. "A vida humana é sagrada, recordava João XXIII; desde o seu alvorecer compromete diretamente a ação criadora de Deus"[13].

Vias ilícitas para a regulação dos nascimentos

14. Em conformidade com estes pontos essenciais da visão humana e cristã do matrimônio, devemos, uma vez mais, declarar que é absolutamente de excluir, como via legítima para a regulação dos nascimentos, a interrupção direta do processo generativo já iniciado, e, sobretudo, o aborto querido diretamente e procurado, mesmo por razões terapêuticas[14].

É de excluir de igual modo, como o Magistério da Igreja repetidamente declarou, a esterilização direta, tanto perpétua como temporária, e tanto do homem como da mulher[15]; é, ainda, de excluir toda a ação que, ou em

---

(13) Cfr. *João XXIII*, Enc. Mater et Magistra, em AAS 53 (1961), pág. 447.

(14) Cfr. Cathechismus Romanus Concilii Tridentini, pág. II, c. VIII; *Pio XI*, Enc. Casti Connubii, em AAS 22 (1930), págs. 562-564; *Pio XII*, Discorsi e Radiomessaggi, VI (1944), págs. 191-192; AAS 43 (1951), págs. 842-843; págs. 857-859; *João XXIII*, Enc. Pacem in Terris, 11 de abril de 1963, em AAS 55 (1963), págs. 259-260; Gaudium et Spes, n. 51.

(15) Cfr. *Pio XI*, Enc. Casti Connubii, em AAS 22 (1930), pág. 565; Decreto do Santo Ofício, 22 de fevereiro de 1940, em AAS 32 (1940); pág. 73; *Pio XII*, AAS 43 (1951), págs. 843-844; AAS 50 (1958), págs. 734-735.

previsão do ato conjugal, ou durante a sua realização, ou também durante o desenvolvimento das suas conseqüências naturais, se proponha, como fim ou como meio, tornar impossível a procriação[16].

Não se podem invocar, como razões válidas, para a justificação dos atos conjugais tornados intencionalmente infecundos, o mal menor, ou o fato de que tais atos constituiriam um todo com os atos fecundos, que foram realizados ou que depois se sucederam, e que, portanto, compartilhariam da única e idêntica bondade moral dos mesmos. Na verdade, se é lícito, algumas vezes, tolerar o mal menor para evitar um mal maior, ou para promover um bem superior[17], nunca é lícito, nem sequer por razões gravíssimas, fazer o mal, para que daí provenha o bem[18]; isto é, ter como objeto de um ato positivo da vontade aquilo que é intrinsecamente desordenado e, portanto, indigno da pessoa humana, mesmo se for praticado com intenção de salvaguardar ou promover bens individuais, familiares, ou sociais.

É um erro, por conseguinte, pensar que um ato conjugal, tornado voluntariamente infecundo, e por isso intrinsecamente desonesto, possa ser coonestado pelo conjunto de uma vida conjugal fecunda.

---

(16) Cfr. Cathechismus Romanus Concilii Tridentini, pág. II, c. VIII; *Pio XI*, Enc. Casti Connubii, em AAS 22 (1930), págs. 559-561; *Pio XII* AAS 43 (1951), pág. 843; AAS 50 (1958), págs. 734-735; *João XXIII*, Enc. Mater et Magistra, em AAS 53 (1961), pág. 447.

(17) Cfr. *Pio XII*, Alocução ao Congresso Nacional da União dos Juristas Católicos, 6 de dezembro de 1953, em AAS 45 (1953), págs. 798-799.

(18) Cfr. Rom 3,8.

Liceidade dos meios terapêuticos

15. A Igreja, por outro lado, não considera ilícito o recurso aos meios terapêuticos, verdadeiramente necessários para curar doenças do organismo, ainda que daí venha a resultar um impedimento, mesmo previsto, à procriação, desde que tal impedimento não seja, por motivo nenhum, querido diretamente[19].

Liceidade do recurso aos períodos infecundos

16. Contra estes ensinamentos da Igreja, sobre a moral conjugal, objeta-se hoje, como já fizemos notar mais acima (n.3), que é prerrogativa da inteligência humana dominar as energias proporcionadas pela natureza irracional e orientá-las para um fim conforme com o bem do homem. Ora, sendo assim, perguntam-se alguns, se atualmente não será talvez razoável em muitas circunstâncias recorrer à regulação artificial dos nascimentos, uma vez que, com isso, se obtém a harmonia e a tranquilidade da família e melhores condições para a educação dos filhos já nascidos. A este quesito é necessário responder com clareza: a Igreja é a primeira a elogiar e a recomendar a intervenção da inteligência, numa obra que tão de perto associa a criatura racional com o seu Criador; mas, afirma também que isso se deve fazer respeitando sempre a ordem estabelecida por Deus.

Se, portanto, existem motivos sérios para distanciar os nascimentos, que derivem ou das condições físicas ou

---

(19) Cfr. *Pio XII*, Alocução aos Participantes do Congresso da Associação Italiana de Urologia, 8 de outubro de 1953, em AAS 45 (1953), págs. 674-675; AAS 50 (1958), págs. 734-735.

psicológicas dos cônjuges, ou de circunstâncias exteriores, a Igreja ensina que então é lícito ter em conta os ritmos naturais imanentes às funções geradoras, para usar do matrimônio só nos períodos infecundos e, deste modo, regular a natalidade, sem ofender os princípios morais que acabamos de recordar[20].

A Igreja é coerente consigo própria, quando assim considera lícito o recurso aos períodos infecundos, ao mesmo tempo que condena sempre como ilícito o uso dos meios diretamente contrários à fecundação, mesmo que tal uso seja inspirado em razões que podem aparecer honestas e sérias. Na realidade, entre os dois casos existe uma diferença essencial: no primeiro, os cônjuges usufruem legitimamente de uma disposição natural; enquanto que no segundo, eles impedem o desenvolvimento dos processos naturais. É verdade que em ambos os casos os cônjuges estão de acordo na vontade positiva de evitar a prole, por razões plausíveis, procurando ter a segurança de que ela não virá; mas, é verdade também que, somente no primeiro caso eles sabem renunciar ao uso do matrimônio nos períodos fecundos, quando, por motivos justos, a procriação não é desejável, dele usando depois nos períodos agenésicos, como manifestação de afeto e como salvaguarda da fidelidade mútua. Procedendo assim, eles dão prova de amor verdadeira e integralmente honesto.

(20) Cfr. *Pio XII*, AAS 43 (1951), pág. 846.

Graves conseqüências
dos métodos de regulação artificial da natalidade

17. Os homens retos poderão convencer-se ainda mais do bem fundamentado da doutrina da Igreja neste campo, se quiserem refletir nas conseqüências dos métodos da regulação artifical da natalidade. Considerem, antes de mais, o caminho amplo e fácil que tais métodos abririam à infidelidade conjugal e à degradação da moralidade. Não é preciso ter muita experiência para conhecer a fraqueza humana e para compreender que os homens — os jovens especialmente, tão vulneráveis neste ponto — precisam de estímulo para serem fiéis à lei moral e não se lhes deve proporcionar qualquer meio fácil para eles sofismarem a sua observância. É ainda de recear que o homem, habituando-se ao uso das práticas anticoncepcionais, acabe por perder o respeito pela mulher e, sem se preocupar mais com o equilíbrio físico e psicológico dela, chegue a considerá-la como simples instrumento de prazer egoísta e não mais como a sua companheira, respeitada e amada.

Pense-se ainda seriamente na arma perigosa que se viria a pôr nas mãos de autoridades públicas, pouco preocupadas com exigências morais. Quem poderia reprovar a um governo o fato de ele aplicar à solução dos problemas da coletividade aquilo que viesse a ser reconhecido como lícito aos cônjuges para a solução de um problema familiar? Quem impediria os governantes de favorecerem e até mesmo de imporem às suas populações, se o julgassem necessário, o método de contracepção que eles reputassem mais eficaz?

Deste modo, os homens, querendo evitar dificuldades individuais, familiares, ou sociais, que se verificam na observância da lei divina, acabariam por deixar à mercê da intervenção das autoridades públicas o setor mais pessoal e mais reservado da intimidade conjugal.

Portanto, se não se quer expor ao arbítrio dos homens a missão de gerar a vida, devem-se reconhecer necessariamente limites intransponíveis no domínio do homem sobre o próprio corpo e sobre as suas funções; limites que a nenhum homem, seja ele simples cidadão privado, ou investido de autoridade, é lícito ultrapassar. E esses mesmos limites não podem ser determinados senão pelo respeito devido à integridade do organismo humano e das suas funções, segundo os princípios acima recordados e segundo a reta inteligência do "princípio de totalidade", ilustrado pelo Nosso Predecessor Pio XII[21].

A Igreja, garantia dos autênticos valores humanos

18. É de prever que estes ensinamentos não serão, talvez, acolhidos por todos facilmente: são muitas as vozes — amplificadas pelos meios modernos de propaganda — que estão em contraste com a da Igreja. A dizer bem a verdade, esta não se surpreende de ser, à semelhança do seu divino Fundador, "objeto de contradição"[22]; mas, nem por isso ela deixa de proclamar, com humilde firmeza, a lei moral toda, tanto a natural como a evangélica. A Igreja não foi a autora dessa lei e não pode portanto ser árbitra da mesma; mas, somente depositária e intérprete, sem nunca poder declarar lícito aquilo que o não é, pela sua íntima e imutável oposição ao verdadeiro bem comum do homem.

---

(21) Cfr. AAS 45 (1953), págs. 674-675; AAS 48 (1956), págs. 461-462.
(22) Cfr. Lc 2, 34.

Ao defender a moral conjugal na sua integridade, a Igreja sabe que está contribuindo para a instauração de uma civilização verdadeiramente humana; ela compromete o homem para que este não abdique da própria responsabilidade, para submeter-se aos meios da técnica; mais, ela defende com isso a dignidade dos cônjuges. Fiel aos ensinamentos e ao exemplo do Salvador, ela mostra-se amiga sincera e desinteressada dos homens, aos quais quer ajudar, agora já, no seu itinerário terrestre, "a participarem como filhos na vida do Deus vivo, Pai de todos os homens"[23].

---

(23) Cfr. *Paulo VI*, Enc. Populorum Progressio, 26 de março de 1967, n. 21.

III. DIRETIVAS PASTORAIS

A Igreja, Mãe e Mestra

19. A Nossa palavra não seria a expressão adequada do pensamento e das solicitudes da Igreja, Mãe e Mestra de todos os povos, se, depois de termos assim chamado os homens à atenção para que observem e respeitem a lei divina, no que se refere ao matrimônio, ela os não confortasse no caminho de uma regulação honesta da natalidade, não obstante as difíceis condições que hoje afligem as famílias e as populações. A Igreja, de fato, não pode adotar para com os homens uma atitude diferente da do Redentor: conhece as suas fraquezas, tem compaixão das multidões, acolhe os pecadores, mas não pode renunciar a ensinar a lei que na realidade é própria de uma vida humana, restituída à sua verdade originária e conduzida pelo Espírito de Deus[24].

Se bem que pensemos também em todos os homens de boa vontade, dirigimo-Nos particularmente aos Nossos Filhos, dos quais esperamos uma adesão mais pronta e mais generosa.

Possibilidade de observância da lei divina

20. A doutrina da Igreja sobre a regulação dos nascimentos, que promulga a lei divina, parecerá, aos olhos de muitos, de difícil, ou mesmo de impossível atuação.

---

(24) Cfr. Rom, cap. 8.

Certamente que, como todas as realidades grandiosas e benéficas, ela exige um empenho sério e muitos esforços, individuais, familiares e sociais. Mais ainda: ela não seria de fato viável sem o auxílio de Deus, que apóia e corrobora a boa vontade dos homens. Mas, para quem refletir bem, não poderá deixar de aparecer como evidente que tais esforços são nobilitantes para o homem e benéficos para a comunidade humana.

Domínio de si mesmo

21. Uma prática honesta da regulação da natalidade exige, acima de tudo, que os esposos adquiram sólidas convicções acerca dos valores da vida e da família e que tendam a alcançar um perfeito domínio de si mesmos. O domínio do instinto, mediante a razão e a vontade livre, impõe, indubitavelmente, uma ascese, para que as manifestações afetivas da vida conjugal sejam conformes com a ordem reta e, em particular, concretiza-se essa ascese na observância da continência periódica. Mas, esta disciplina, própria da pureza dos esposos, longe de ser nociva ao amor conjugal, confere-lhe pelo contrário um valor humano bem mais elevado. Requer um esforço contínuo, mas, graças ao seu benéfico influxo, os cônjuges desenvolvem integralmente a sua personalidade, enriquecendo-se de valores espirituais: ela acarreta à vida familiar frutos de serenidade e de paz e facilita a solução de outros problemas; favorece as atenções dos cônjuges, um para com o outro, ajuda-os a extirpar o egoísmo, inimigo do verdadeiro amor e enraíza-os no seu sentido de responsabilidade. Além disso, os pais adquirem com ela a capacidade de uma influência mais profunda e eficaz para educarem os filhos; as crianças e a

juventude crescem numa estima exata dos valores humanos e num desenvolvimento sereno e harmônico das suas faculdades espirituais e sensitivas.

Criar um ambiente favorável à castidade

22. Queremos nesta altura chamar a atenção dos educadores e de todos aqueles que desempenham tarefas de responsabilidade em ordem ao bem comum da convivência humana, para a necessidade de criar um clima favorável à educação para a castidade, isto é, ao triunfo da liberdade sã sobre a licenciosidade, mediante o respeito da ordem moral.

Tudo aquilo que nos modernos meios de comunicação social leva à excitação dos sentidos, ao desregramento dos costumes, bem como todas as formas de pornografia ou de espetáculos licenciosos, devem suscitar a reação franca e unânime de todas as pessoas solícitas pelo progresso da civilização e pela defesa dos bens do espírito humano. Em vão se procurará justificar estas depravações, com pretensas exigências artísticas ou científicas,[25] ou tirar partido, para argumentar, da liberdade deixada neste campo por parte das autoridades públicas.

APELO AOS GOVERNANTES

23. Nós queremos dizer aos governantes, que são os principais responsáveis pelo bem comum e que dispõem de tantas possibilidades para salvaguardar os costumes mo-

---

(25) Cfr. Conc. Ecum. Vaticano II, Decr. Inter Mirifica sôbre os Meios de Comunicação Social, nn. 6-7.

rais: não permitais que se degrade a moralidade das vossas populações; não admitais que se introduzam legalmente, naquela célula fundamental que é a família, práticas contrárias à lei natural e divina. Existe uma outra via, pela qual os Poderes públicos podem e devem contribuir para a solução do problema demográfico: é a via de uma política familiar providente, de uma sábia educação das populações, que respeite a lei moral e a liberdade dos cidadãos.

Estamos absolutamente cônscios das graves dificuldades em que se encontram os Poderes públicos a este respeito, especialmente nos países em vias de desenvolvimento. Dedicamos mesmo às suas preocupações legítimas a Nossa Encíclica "Populorum Progressio". Mas, com o nosso Predecessor João XXIII, repetimos: "...Estas dificuldades não se podem vencer recorrendo a métodos e meios que são indignos do homem e que só encontram a sua explicação num conceito estritamente materialista do mesmo homem e da vida. A verdadeira solução encontra-se somente num progresso econômico e social que respeite e fomente os genuínos valores humanos, individuais e sociais"[26].

Nem se poderá, ainda, sem injustiça grave, tornar a Providência divina responsável por aquilo que, bem ao contrário, depende de menos sensatez de governo, de um insuficiente sentido da justiça social, de monopólios egoístas, ou também de reprovável indolência no enfrentar os esforços e os sacrifícios necessários para garantir a elevação do nível de vida de uma população e de todos os seus membros[27].

---

(26) Cfr. Enc. Mater et Magistra, em AAS 53 (1961), pág. 447.

(27) Cfr. Enc. Populorum Progressio, nn. 48-55.

Que todos os Poderes responsáveis — como alguns louvavelmente já vem fazendo — reativem os seus esforços, que não se deixe de ampliar o auxílio mútuo entre todos os membros da grande família humana: é um campo ilimitado este que se abre assim à atividade das grandes organizações internacionais.

AOS HOMENS DE CIÊNCIA

24. Queremos agora exprimir o nosso encorajamento aos homens de ciência, os quais "podem dar um contributo grande para o bem do matrimônio e da família e para a paz das consciências, se se esforçarem por esclarecer mais profundamente, com estudos convergentes, as diversas condições favoráveis a uma honesta regulação da procriação humana"[28]. É para desejar muito particularmente que, segundo os votos já expressos pelo nosso Predecessor Pio XII, a ciência médica consiga fornecer uma base suficientemente segura para a regulação dos nascimentos, fundada na observância dos ritmos naturais[29]. Deste modo, os homens de ciência, e de modo especial os cientistas católicos, contribuirão para demonstrar que, como a Igreja ensina, "não pode haver contradição verdadeira entre as leis divinas que regem a transmissão da vida e as que favorecem o amor conjugal autêntico[30].

---

(28) Cfr. Const. Past. Gaudium et Spes, n. 52.
(29) Cfr. AAS 43 (1951), pág. 859.
(30) Cfr. Const. Past. Gaudium et Spes, n. 51.

AOS ESPOSOS CRISTÃOS

25. E agora a nossa palavra dirige-se mais diretamente aos Nossos filhos, particularmente àqueles que Deus chamou para servi-lo no matrimônio. A Igreja, ao mesmo tempo que ensina as exigências imprescritíveis da lei divina, anuncia a salvação e abre, com os sacramentos, os caminhos da graça, a qual faz do homem uma nova criatura, capaz de corresponder, no amor e na verdadeira liberdade, aos desígnios do seu Criador e Salvador e de achar suave o jugo de Cristo[31].

Os esposos cristãos, portanto, dóceis à sua voz, lembrem-se de que a sua vocação cristã, iniciada com o Batismo, se especificou ulteriormente e se reforçou com o sacramento do Matrimônio. Por ele os cônjuges são fortalecidos e como que consagrados para o cumprimento fiel dos próprios deveres e para a atuação da própria vocação para a perfeição e para o testemunho cristão próprio deles, que têm de dar frente ao mundo[32]. Foi a eles que o Senhor confiou a missão de tornarem visível aos homens a santidade e a suavidade da lei que une o amor mútuo dos esposos com a sua cooperação com o amor de Deus, autor da vida humana.

Não pretendemos, evidentemente, esconder as dificuldades, por vezes graves, inerentes à vida dos cônjuges cristãos: para eles, como para todos, de resto, "é estreita a porta e apertado o caminho que conduz à vida"[33]. Mas, a esperança desta vida, precisamente, deve iluminar o seu

---

(31) Cfr. Mt 11,30.

(32) Cfr. Const. Past. Gaudium et Spes, n. 48; Conc. Ecum. Vaticano II, Const. Dogm. Lumen Gentium, n. 35.

(33) Mt 7,14; cfr. Hbr 12,11.

caminho, enquanto eles corajosamente se esforçam por viver com sabedoria, justiça e piedade no tempo presente[34], sabendo que a figura deste mundo passa[35].

Envidem os esposos, pois, os esforços necessários, apoiados na fé e na esperança que "não desilude, porque o amor de Deus foi derramado nos nossos corações, pelo Espírito que nos foi dado"[36]; implorem com oração perseverante o auxílio divino; abeirem-se, sobretudo pela Santíssima Eucaristia, da fonte de graça e da caridade. E se, porventura, o pecado vier a vencê-los, não desanimem, mas recorram com perseverança humilde à misericórdia divina, que é outorgada no sacramento da Penitência. Assim, poderão realizar a plenitude da vida conjugal, descrita pelo Apóstolo: "Maridos, amai as vossas mulheres tal como Cristo amou a Igreja (...) Os maridos devem amar as suas mulheres como os seus próprios corpos. Aquele que ama a sua mulher, ama-se a si mesmo. Porque ninguém aborreceu jamais a própria carne, mas nutre-a e cuida dela, como também Cristo o faz com a sua Igreja (...) Este mistério é grande, mas eu digo isto quanto a Cristo e à Igreja. Mas, por aquilo que vos diz respeito, cada um de vós ame a sua mulher como a si mesmo; a mulher, por sua vez, reverencie o seu marido"[37].

(34) Cfr. Tit 2,12.
(35) Cfr. 1Cor 7,31.
(36) Cfr. Rom 5,5.
(37) Ef 5,25; 28-29; 32-33.

APOSTOLADO NOS LARES

26. Entre os frutos que maturam mediante um esforço generoso de fidelidade à lei divina, um dos mais preciosos é que os cônjuges mesmos, não raro, experimentam o desejo de comunicar a outros a sua experiência. Deste modo, resulta que vem inserir-se no vasto quadro da vocação dos leigos uma forma nova e importantíssima de apostolado — do semelhante, por parte do seu semelhante: são os próprios esposos que assim se tornam apóstolos e guias de outros esposos. Esta é, sem dúvida, entre tantas outras formas de apostolado, uma daquelas que hoje em dia se apresenta como sendo das mais oportunas[38].

AOS MÉDICOS E AO PESSOAL SANITÁRIO

27. Temos em altíssima estima os médicos e os demais membros do pessoal sanitário, aos quais estão a caráter, acima de todos os outros interesses humanos, as exigências superiores da sua vocação cristã. Perseverem, pois, no propósito de promoverem, em todas as circunstâncias, as soluções inspiradas na fé e na reta razão e esforcem-se por suscitar a convicção e o respeito no seu ambiente. Considerem depois, ainda, como dever profissional próprio, o adquirirem toda a ciência necessária, neste campo delicado, para poderem dar aos esposos, que porventura os venham consultar, aqueles conselhos sensatos e aquelas sãs diretrizes, que estes, com todo o direito, esperam deles.

---

(38) Cfr. Const. Dogm. Lumen Gentium, n. 35 e 41; Const. Past. Gaudium et Spes, nn. 48-49; Conc. Ecum. Vaticano II, Decr. Apostolicam Actuositatem, n. 11.

AOS SACERDOTES

28. Diletos filhos sacerdotes, que por vocação sois os conselheiros e guias espirituais das pessoas e das famílias: dirigimo-nos agora a vós, com confiança. A vossa primeira tarefa — especialmente para os que ensinam a teologia moral — é expor, sem ambigüidades, os ensinamentos da Igreja acerca do matrimônio. Sede, pois, os primeiros a dar exemplo, no exercício do vosso ministério, de leal acatamento, interno e externo, do Magistério da Igreja. Tal atitude obsequiosa, bem o sabeis, é obrigatória não só em virtude das razões aduzidas, mas sobretudo por motivo da luz do Espírito Santo, da qual estão particularmente dotados os Pastores da Igreja, para ilustrarem a verdade[39]. Sabeis também que é da máxima importância, para a paz das consciências e para a unidade do povo cristão, que, tanto no campo da moral como no do dogma, todos se atenham ao Magistério da Igreja e falem a mesma linguagem. Por isso, com toda a nossa alma, vos repetimos o apelo do grande Apóstolo São Paulo: "Rogo-vos, irmãos, pelo nome de Nosso Senhor Jesus Cristo, que digais todos o mesmo e que entre vós não haja divisões, mas que estejais todos unidos, no mesmo espírito e no mesmo parecer"[40].

29. Não minimizar em nada a doutrina salutar de Cristo é forma de caridade eminente para com as almas. Mas, isso deve andar sempre acompanhado também de paciência e de bondade, de que o mesmo Senhor deu o exemplo, ao tratar com os homens. Tendo vindo para sal-

---

(39) Cfr. Const. Dogm. Lumen Gentium, n. 25.
(40) Cfr. 1Cor 1,10.

var e não para julgar[41], Ele foi intransigente com o mal, mas misericordioso para com os homens.

No meio das suas dificuldades, que os cônjuges encontrem sempre na palavra e no coração do sacerdote o eco fiel da voz e do amor do Redentor.

Falai, pois, com confiança, diletos Filhos, bem convencidos de que o Espírito de Deus, ao mesmo tempo que assiste o Magistério no propor a doutrina, ilumina também internamente os corações dos fiéis, convidando-os a prestar-lhe o seu assentimento. Ensinai aos esposos o necessário caminho da oração, preparai-os para recorrerem com freqüência e com fé aos sacramentos da Eucaristia e da Penitência, sem se deixarem jamais desencorajar pela sua fraqueza.

AOS BISPOS

30. Queridos e Veneráveis Irmãos no Episcopado, com quem compartilhamos mais de perto a solicitude pelo bem espiritual do Povo de Deus, para vós vai o Nosso pensamento reverente e afetuoso, ao terminarmos esta Encíclica. A todos queremos dirigir um convite insistente. À frente dos vossos sacerdotes, vossos colaboradores, e dos vossos fiéis, trabalhai com afinco e sem tréguas na salvaguarda e na santificação do matrimônio, para que ele seja sempre, cada vez mais, vivido em toda a sua plenitude humana e cristã. Considerai esta missão como uma das vossas responsabilidades mais urgentes, na hora atual. Ela envolve, como sabeis, uma ação pastoral coordenada, em todos os campos da atividade humana, econômica, cultural

(41) Cfr. Jo 3,17.

e social: só uma melhoria simultânea nestes diversos setores poderá tornar, não só tolerável, mas mais fácil e serena a vida dos pais e dos filhos no seio das famílias, mais fraterna e pacífica a convivência na sociedade humana, na fidelidade aos desígnios de Deus sobre o mundo.

APELO FINAL

31. Veneráveis Irmãos, diletíssimos Filhos e vós todos, homens de boa vontade: é grandiosa a obra à qual vos chamamos, obra de educação, de progresso e de amor, assente sobre o fundamento dos ensinamentos da Igreja, dos quais o sucessor de Pedro, com os seus Irmãos no Episcopado, é depositário e intérprete. Obra grandiosa, na verdade, para o mundo e para a Igreja, temos disso a convicção íntima, visto que o homem não poderá encontrar a verdadeira felicidade — à qual aspira com todo o seu ser — senão no respeito pelas leis inscritas por Deus na sua natureza e que ele deve observar com inteligência e com amor.

Sobre esta obra Nós invocamos, assim como sobre todos vós, e de um modo especial sobre os esposos, a abundância das graças do Deus de santidade e de misericórdia, em penhor das quais, vos damos a Nossa Bênção Apostólica.

Dada em Roma, junto de São Pedro, na Festa de São Tiago Apóstolo, 25 de julho do ano de 1968, Sexto do Nosso Pontificado.

PAULO PP. VI

ÍNDICE

A transmissão da vida (n. 1)   5

I. *Aspectos novos do problema e competência do Magistério*

Visão nova do problema (nn. 2-3)   6
A competência do Magistério (n. 4)   7
Estudos especiais (n. 5)   9
A resposta do Magistério (n. 6)   10

II. *Princípios doutrinais*

Uma visão global do homem (n. 7)   11
O amor conjugal (n. 8)   11
As suas características (nn. 9-10)   12
Respeitar a natureza e a finalidade do ato matrimonial (n. 11)   15
Inseparáveis os dois aspectos: união e procriação (n. 12)   15
Fidelidade aos desígnios divinos (n. 13)   16
Vias ilícitas para a regulação dos nascimentos (n. 14)   17
Liceidade dos meios terapêuticos (n. 15)   19
Liceidade do recurso aos períodos infecundos (n. 16)   19

Graves conseqüências dos métodos de regulação artificial da natalidade (n. 17) ... 21

A Igreja, garantia dos autênticos valores humanos (n. 18) ... 22

III. *Diretivas pastorais*

A Igreja, Mãe e Mestra (n. 19) ... 24
Possibilidade de observância da lei divina (n. 20) ... 24
Domínio de si mesmo (n. 21) ... 25
Criar um ambiente favorável à castidade (n. 22) ... 26
Apelo aos governantes (n. 23) ... 26
Aos homens de ciência (n. 24) ... 28
Aos esposos cristãos (n. 25) ... 29
Apostolado nos lares (n. 26) ... 31
Aos médicos e ao pessoal sanitário (n. 27) ... 31
Aos sacerdotes (nn. 28-29) ... 32
Aos Bispos (n. 30) ... 33
Apelo final (n. 31) ... 34

Paulinas

Rua Dona Inácia Uchoa, 62
04110-020 – São Paulo – SP (Brasil)
Tel.: (11) 2125-3500
paulinas.com.br – editora@paulinas.com.br
Telemarketing e SAC: 0800-7010081